나쁜
골프

나쁜
골프

초판 인쇄일 2021년 11월 20일
초판 발행일 2021년 11월 25일

지은이   강 찬 욱

펴낸이   김찬희
펴낸곳   끌리는책

출판등록 신고번호 제25100-2011-000073호
주소   서울시 구로구 연동로1길9, 202호
전화   영업부 (02)335-6936 편집부 (02)2060-5821
팩스   02)335-0550
이메일   happybookpub@gmail.com
페이스북   happybookpub
블로그   blog.naver.com/happybookpub
포스트   post.naver.com/happybookpub
스토어   smartstore.naver.com/happybookpub

ISBN 979-11-87059-74-5 03690
값 13,000원

강 찬 욱

사람과 사람 사이에 골프가 있다
골프와 골프 사이에 인생이 있다

나쁜
골프

끌리는책

누구나
행복한
골프를
꿈꾸며

골프를 그만두지 못하는 이유는
재밌기 때문이다.
그리고
잘 안 되기 때문이다.

잘 안 되면 중간에 포기할 만도 하지만
골프는 언젠가 잘 될 거 같은 여지를 준다.
'골프는 수양인가?'
'골프는 스포츠인가?'
생각해본 적이 있다.

어느 날 나를 칭찬하던 골프가
또 어느 날은 나를 심하게 꾸짖는다.

내가 사랑하는 만큼
나에게 돌아와주지 않는다.

그래서
너무 좋은데

나쁜 골프다.

참 생각이 많아지는 골프다.
좋은 생각,
짧은 생각,
쓸데없는 생각,

이런저런 생각들을 짧은 글로 담아봤다.

골프 인생을 함께한
동반자들에 대해서도 적어보았다.
글을 쓰면서 다시 한 번 생각했다.

나는 골프를 끊을 수 없겠구나….

CONTENTS

프롤로그 누구나 행복한 골프를 꿈꾸며 4

01 사람과 사람 사이에 골프가 있다

사람이 풍경이다 14
사람과 사람 사이에도 15
러프, 러브 16
사랑에도 멀리건이 있다면 17
마음의 홀 18
동반자 19
마이웨이 20
굿 세이브 21
마음대로 안 되는 22
마음 같지 않다 24
운수 좋은 날 26
에이지슈팅 28
앞자리가 스코어다 30
인생의 라이 31
에이밍 32
칩인 33
중독 34
백스핀 35
뒤돌아보기 36
다음 홀 38

02 전반 9홀

첫 홀, 마지막 홀 42
락카 번호 43
오늘은 44
기도 45
슬로우 플레이 46

일파만파   47

그린에 올라가는 마음   48

잔디에 들어가시오   49

상석   50

헤드업   51

생크 [1]   52

생크 [2]   53

벙커   54

빈스윙, 헛스윙   55

3번 우드   56

뽀올!   57

맞바람   58

오비에요? 해저드에요?   59

아무 생각 없이   60

양파   61

신에게는   62

구찌   63

로스트볼   64

버디 값   65

뱀샷   66

온 대우   67

골프클럽   68

그린 위 지렁이   69

낫 배드   70

페어웨이는 넓다   71

황소개구리   72

오비이락   73

전반 9홀

03

그늘
집에서

그늘집	76
막걸리	77
오늘 왜 이러지?	78
누구세요?	79
1111	80
페어웨이	81
골프 빈정 1	82
골프 빈정 2	83
골프 빈정 3	84
골프 빈정 4	85
골프 빈정 5	86
골프가 어려운 이유	87
18, 108	88
잘못 맞았어	89
스마트 스코어	90
연습 안 한다며	91
과대평가, 과소평가	92
퍼터	93
남자는 비거리다	94
디봇	95
스핀 먹었네	96
법인 무기명	97

04
후반 9홀

뒤땅	100
착한 일	101
하지 말라는 것들	102
옆 홀	103
깨달음	104
피니시	105
등산	106
악성 스트레이트	108
벙커의 높이, 걱정의 깊이	109
잡다, 까다	110
까마귀 날자	111
쓰리퍼팅	112
홀인원	113
내리막 퍼팅	114
봄 여름 가을 겨울	115
빚을 내서라도	116
동영상	117
아는데…	118
연습장에선	119
골프 선생님	120
연습장 프로	121
벙커 정리	122
나비는 새다	123
땅, 따당	124
18번 홀	125
세상에 이유 없는 샷은 없다	126
안 했어도…	128
사우나	130

05

나의
동반자들

학님	134
맥스 형	135
S	136
차이	137
달님	138
웅이	139
임대표	140
동네 후배	141
용이	142
학주	143
상무님	144
홍	145
선님	146
원꽃님	147
듀크	148
이채	149
마님	150
남본	151
K	152
기타이 형	153
규	154
째병	155
Y대표	156
나 후배	157
진상	158
정이사님	159
실장님	160
아들	161
아버지	162

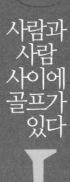

사람과
사람
사이에
골프가
있다

마음의 홀

동반자

마이웨이

굿 세이브

마음대로 안 되는

마음 같지 않다

운수 좋은 날

에이지슈팅

앞자리가 스코어다

인생의 라이

에이밍

칩인

중독

백스핀

뒤돌아보기

다음 홀

사람이 풍경이다

사람과 사람 사이에도

러프, 러브

사랑에도 멀리건이 있다면

사람이
풍경이다

동반자가
좋으면
골프장도
좋아 보인다.

때론
사람이
가장 아름다운
풍경이다.

사람과
사람
사이에도

홀과
홀 사이에
나무가
있듯이

사람과
사람 사이에도
나무가
있으면 좋겠다.

러프, 러브
길고 질긴 사랑은 헤어나오기 어렵다.
러프처럼….

사랑에도
멀리건이 있다면

사랑에도
멀리건이 있다면

그 사랑이
오비나진
않았을 텐데 하고
생각할 수
있지만

어쩌면
그 사랑이
다시
오비가
날 수도
있었다.

마
음
의

홀

사람의 마음에도 홀이 있다.　그 홀은
매우
까다로워서
경사를 읽기도
어렵고
지나치기
일쑤며
들어간 줄 알았는데
다시
뱉어내기도 한다.

가끔은
잘 붙이기만 해도
마음에
들어온 것으로
간주된다.

동·반·자

나는왜
늘
당신과
다른 곳으로
걸어가고

당신과
반대
방향에
서 있나요?

우리
동
반
자
맞나요?

마이웨이

사실
인생은
페어웨이 밖에
놓여있을 때가 많다

이때
우리를
목표로
데려가는 것이
마
이
웨
이
다.

굿 세이브

때론
굿샷보다
나이스한 것이
굿
세
이
브.

세이브 잘하는 사람을 보면
인생의 어떤 어려움도
잘 이겨낼 것처럼
보인다.

마음대로
안
되는

볼은 자식만큼 말을 안 듣는다.

자식은 골프채만큼 뜻대로 안 된다.

참,
마음대로 안 되는

자
식
과

골
프
⋮.

마음 같지
않다

마음은 똑바로인데
볼은 오른쪽이란다.

마음은 홀에 붙었는데
볼은 중간에 서겠단다.

마음은 넘어갔는데
볼은 물에 빠지겠단다.

마음은 투온 투펏인데
볼은 쓰리온 쓰리펏은 되어야겠단다.

마음은 이러고 싶은데
볼은 이러기 싫단다.

마음만 앞서는 마음에
볼은 따라주기 싫단다.

4.3센티밖에
안 되는
작은 볼을
14개나 되는
도구로
치는데도
마음대로
못친다.

내 마음 같지 않은 건
남의 마음만이 아니었다.

운수
좋은

날

카트 길을 맞은 볼은
한 번의 망설임도 없이
그린 근처까지 튀어간다.

그리 굵지도 않은 나무가
오비로 향하던 나의 볼을
페어웨이에 토해냈다.

탑핑 났는데
나이스 런닝어프로치가 됐다.

물에 들어가려던 볼이
물 수제비를 만들며
밖으로 나왔다.

다리에 맞고
바위에 맞고
라이트에 맞고
볼이 다시 들어왔다.

볼을 찾으러 갔는데
내 볼도 찾고
예쁜 컬러볼도 주웠다.

생각해보면
운수 좋은 날들이
생각보다
많다.

운수란
오래 기억하는 사람에게
깊이 감사하는 사람에게
다시
온다.

그 운수에게
동반자 중 누군가가 외칠 것이다.

"럭키!"

에이지슈팅

숫자와
숫자가 만난다.

나이와
타수가 한 지점에서 하나가 된다.

나이는 자연이 쌓아두는 시간
타수는 인간이 덜어내는 시간

그 하나됨을 위해
늙음의 안타까움은
위로의 악수를 받지만
소멸하는 나를
견디고 버티기엔
몸은
먹다 남은 음식물처럼 굳어가고
근육은
큰 숨을 내뱉을 때마다
조금씩 빠져나간다.

아마, 그럴 것이다
나이가 많아지면
타수가 많아지겠지.

그걸
당연한 이치라고 말하기엔
72세의
72타는
너무 멋지지 않은가?

70대에
70대를
친다면

그런
나를 사랑할 수밖에 없지 않은가?

에이지를 슈팅하는 건
에이지를 내 몸에서 사살해버리는 것.

앞자리가
스코어다

100개와
99개는
한 타 차가 아니다.
90개와 89개는
80개와 79개는
한 타 차이가 아니다.

뒷자리를 줄이는 것이
연봉 올라가는 느낌이라면

앞자리를 바꾸는 것은
직급 바뀌는 느낌,
승진하는 느낌이다.

인생의
라이

인생이
좋은 라이에
놓여 있을 때
조심하세요.

조심하면
아무 일도
안 일어나지만

방심하면
어떤 일도
일어날 수
있으니까요.

에
이
밍

그곳을 봐야 하는데 우리는 왜 저곳을 보고 있는가?

칩

인

붙이기만 하려고 했는데 볼이 들어갔다
지금 갖고 있는 것을 잘 지키려면 더 가지면 된다.

중 독

막
대
기
만
보면
휘두르고 싶다.

거울만 보면
아니
비추는 것만 있으면
아니
아무것이 없어도
어드레스를 취한다.

세상의 모든 숫자가
골프 스코어로 보인다.

시작하긴 어렵지만
빠지기는 쉬운
골프,

나쁜
골프

백스핀

그
때
그 실수만 안 했다면
그
때
그 클럽만 안 잡았다면
그
때
무리하지 않았다면
그
때
레이업만 했다면
그
때
좀 세게 쳤다면
그
때
탈출만 했다면
그때로
돌아간다면 안 그럴 텐데

시간에
그때로 백스핀을 걸 수 있다면….

뒤
돌아
보기

티샷을 하고
우리는 앞으로 갑니다.
볼이 궁금하면
빨리 갑니다.
오늘도 우리는
앞만 보며
앞으로 갑니다.
뒤돌아보면
방금 전에 내가 있었던 곳
샷했던 곳이 보입니다.
우리는 그곳을
과거라고 말하지만
그 어떤 과거도
미래가 아니었던 적은 없습니다.

그린에서 뒤돌아본

페어웨이

페어웨이에서 뒤돌아본

티잉 에어리어

왔던 길을 봅시다.

그 길이

얼마나 험난했는지

얼마나 운이 좋았는지

스스로

얼마나 응원했는지

내가 걸어온 길을

칭찬할 때

위로할 때

앞으로

걸어가야 할 길이 보입니다.

뒤도

앞도

나를 사이에 두고

연결되어

있습니다.

다음 홀

다음 홀부터 잘 쳐야지
다음 샷은 잘 해야지.

그래
우리에겐
다음 라운드도 있고
다음 생도 있다.

전반

9홀

첫 홀, 마지막 홀

락카 번호

오늘은

기도

슬로우 플레이

일파만파

그린에 올라가는 마음

잔디에 들어가시오

상석

헤드업

생크 [1]

생크 [2]

벙커

빈스윙, 헛스윙

3번 우드

뽀올!

맞바람

오비에요? 해저드에요?

아무 생각 없이

양파

신에게는

구찌

로스트볼

버디 값

뺨샷

온 대우

골프클럽

그린 위 지렁이

낫 배드

페어웨이는 넓다

황소개구리

오비이락

첫 홀,
마지막 홀

첫 홀을 잘 치면
그날의 라운드를
기대하게 되고
마지막 홀을 잘 치면
다음 라운드를
기대하게 된다.
골프는 기대다
기대의 반대다.

×～×

락카
번호

72번을 받았다고
72타를 치는 건 아닌데
111번을 받았다고
보기만 하는 건 아닌데
99번을 받았다고
깨백을 하는 건 아닌데
좋은 번호를
받고 싶다.

'ㅡ'

나이가 들면 그냥
외우기 쉬운 번호를
받고 싶다.

오
늘은

오늘은 왠지 잘 맞을 거 같다고 생각되는 날 더 안 된다.

오늘은 왠지 안 맞을 거 같다고 생각되는 날

역
시
안
된
다.

기
도

라운드 전날, 잠이 잘 들게 해주소서
첫 홀 첫 티샷을 잘 치게 해주소서
벙커에서 욕심부리지 않게 해주소서
볼이 디봇에 들어가지 않게 해주소서
언덕으로 간 볼은 내려오게 해주소서
카트를 맞은 볼은 앞으로 가게 해주소서
딱 한 번만 나무에 맞고 들어오게 해주소서
배판일 때 잘하게 해주소서
어떤 숏펏에도 담대하게 해주소서

이 모든 것이 안 되더라도
기품을 잃지 않게 해주소서.

슬로우

루틴은 짧게
스윙은 여유 있게
대부분은
반대로
하고 있다.

플레이

일파

첫 홀
일파만파를
꼭 해야 하는 거라면
내가
일파를 하자!

만파

그린에
올라가는
마음

그린에
올라가는
사람들은
뒷모습에
표정이
있다.

누군가는
마음이
가볍고
누군가는
머리가
무겁다.

잔디에
들어가시오

우리가 어린 시절엔
잔디에 들어가지 마시오란
푯말만 있었다.
박물관에도
공원에도
학교에도
잔디는
들어갈 수 없는
성역이었다.
이런 귀한 잔디를
마음대로 들어가라니
잔디를 못 치고
땅을 칠 수밖에.

상
석

자동차는 오른쪽 뒷자리가 상석이고
카트는 오른쪽 앞자리가 상석이다.

헤드
업

골프장에만 오면 들리는 머리
골프장은 머리가 가장 가벼워지는 곳.

생크[1]

넌
이름부터 맘에 안 들어

생크인 거니?
생크인 거니?
쉥크인 거니?

인생
최악의 찰나는
마취 덜 된 이빨을 갈아내려 할 때
시려오는 그 순간과
생크.

생크^2

벙커

벙커가
얼마나
위험한 곳인지는
이 말에서
알 수 있다.
'벙커 탈출'

빈스윙,
헛스윙

빈스윙이었는지
헛스윙이었는지
본인은 안다.
본인이 안다는 걸
다른 사람들도
다 안다.

3번 우드

나도 안다.
네가 얼마나 필요한지
네가 얼마나 대단한지

나도 안다.
네가 얼마나 멋지게 생겼는지
네가 얼마나 결정적인지

너는 아니?
내가 널 얼마나 어려워하는지
내가 널 얼마나 극복하려고 애썼는지
내가 널 얼마나 자주 넣었다 뺐다 하는지

3번 우드
우리 사이는
언제쯤
가까워질까?

뽀
올
!

'뽀올!' 하고

캐디가 외칠 때
캐디는 다른 사람들을 걱정하지만
친 사람은 그 볼을 걱정한다.

맞
바람

분명히 뒷바람이었는데
내가 칠 때면
앞바람으로 바뀐다.

오비에요?
해저드에요?

한 타 차이에
빨간색과 흰색 사이
간절함이 걸려 있다.

아무 생각 없이

아무	생각	없이	치자
아무	생각	없이	치자
			라는

생각도
생각
이다.

샷 하기 전엔

생각이
생각보다

많아진다.

양파

양
파
를
까
면
눈이 맵다
눈물도 난다.

필
드
에
서
도
그렇다.

신에게는

신
에
게
는
아직
14개의
클럽이
남아 있습니다.

연습할 것이
너
무
많습니다.

구찌

골프장
밖에서는
격려와 응원의 말도
골프장
안으로
들어오면
구
찌
가
된다.

진심도
변심하는 곳.

로스트볼

내 볼을 찾으러 갔다가
다른 사람이
잃어버린 볼을 찾았다.

내 볼이 아니라서
실망했지만

새 볼이라서
4피스라서
좋았다.

버디 값

버디 한 홀에
받아서

그 다음 홀에
뱉어야 하는 값

세상에
공
짜
는
없다.

뱀

샷

뱀샷이라니
사람은
왜 이렇게
뱀을
싫어하는가?

뱀은 알까?
골프장에선
뱀조심
샷할 땐
뱀샷 조심이란 걸.

온 on

대우

임원이 아닌데
임원 대우를 받고
회원이 아닌데
회원 대우를 받고
온이 아닌데
온 대우라고
말한다.

대우는
사실과는
다른 현실이다.

골프클럽

내가 안될 땐 남의 클럽이 좋아 보인다.
내가 잘될 땐,
　　　내 클럽은
　　　　　　나
　　　　　　만
　　　　　　쓰
　　　　　　고
　　　　　　싶
　　　　　　다.

그린 위 지렁이

그린 위에 지렁이 한 마리가 내 퍼팅 라인을 밟고 있다
왠지 지렁이가 가는 쪽이

내
리
막
일 거
같
다.

낫
not

필
드
에
서
낫 배드는
낫 굿에
가
깝
다.

배드
bad

페어웨이는

페어웨이는
넓다.
문제는
골프장에서
페어웨이를
뺀
땅이
더
넓다는 것.

넓다

황소개구리

오늘도
그 연못엔
황소개구리가
울고 있다.

브라스밴드의
낮은 음을
연주하는 혼처럼
굵은 울음을
나의 볼에게 보낸다.

이리와

이리와

내가 삼켜줄게.

골프장 연못의 황소개구리는
더 크고
탐욕스러운
울음을 낸다.

내가 오비를 내면 동반자가 기뻐한다.
볼 회사도 기뻐한다.

오비이락

그늘집에서

그늘집

막걸리

오늘 왜 이러지?

누구세요?

1111

페어웨이

골프 빈정[1]

골프 빈정[2]

골프 빈정[3]

골프 빈정[4]

골프 빈정[5]   스핀 먹었네

골프가 어려운 이유   법인 무기명

18, 108

잘못 맞았어

스마트 스코어

연습 안 한다며

과대평가, 과소평가

퍼터

남자는 비거리다

디봇

그늘집

그늘집 안엔
얼굴이
그늘진 사람이
꼭
있다.

전
홀 망친
사람

막걸리

막걸리
마시면
골프 안 돼

그래서

막걸리 안 마시고
골프
잘 됐나요?

오늘

왜
이러지
?

드라이버를 치고 나서도
아이언샷을 치고 나서도
어프로치샷, 벙커샷, 퍼팅을 하고 나서도
하는 말

"오늘 왜 이러지?"

정말
'오늘만 왜 이러지'인가요?

누구세요?

세상
모든 사진 중에
실물과
가장 다른 사진이
카트에 붙어 있는
캐
디
사진

"누구세요?"

1111

앞 차 번호를 보고
운전자가 말했다

아 포커네!

조수석 골퍼가 말했다

올 보기네!

페어웨이

꽃길만
걸으세요.

아

뇨

페어웨이만
걸을래요.

그린에
올렸는데

캐디가 어프로치 웨지를 갖다 준다.

"아, 올리셨어요?"

골프 빈정[1]

버디했는데

아무도
모른다.

"그거 버디였어?"

골프 빈정²

분명히
같은 거리인데
쟤는
컨시드고
나는
왜 마크인가!

골프 빈정³

6번, 7번 아이언 달라고
했는데
5번은 왜
가져온 걸까?

내 거리를 못 믿겠다는 것?

골프 빈정 [4]

캐디가
내 라이벌의 타수를
한 타
줄여
기록했다
말해야 하나, 말아야 하나?

골프 빈정[5]

골프가
어려운
이 유

골프가 어려운
첫 번째 이유는
너무
쉽게
보기 때문이다.

18,108

골프는
18홀
홀의 넓이는
108mm

그래서
우리는 샷을 하고 나서
그렇게
욕을 하는 건가?

잘못 맞았어

"굿샷!"

아니, 잘못 맞았어.

왜요?

거리가
안 났을까
봐요?

스마트 스코어

못쳤을 땐
스킵

잘쳤을 땐
스마트 스코어

이러니
스코어가
스마트해질 수밖에.

연습 안 한다며

물어보면
연습 안 한다던데

연습장에
가보면
꽉
차
있
다.

과대평가,
과소평가

비거리는 과대평가
평균 타수는 과소평가

나에게
숫자는
주관적
이다.

14개 클럽 중에
가장 많이 치는 것이 퍼터다

퍼
터

가장 많이
바꾸고
싶은 것도
퍼터다.

남자는
비거리다

남자는 비거리다.
그런데
비거리 욕심은
여자가
더
많은 것 같다.

페어웨이에도 디봇이 있다.　　　　　　　　디
세상에　　　　　　　　　　　　　　　　　봇
완전하게
안전한
곳은
없다.

스핀 먹었네

어프로치샷을
짧게
쳐 놓고
다들
하는
말

'스핀 먹었네'

멀어도
관리가 엉망이어도
매너가 별로여도
스코어를 망쳤어도
다
용서된다.

법인 무기명이라면.

법인 무기명

후반

9홀

하지 말라는 것들

옆 홀

깨달음

피니시

등산

악성 스트레이트

벙커의 높이, 걱정의 깊이

잡다, 까다

까마귀 날자

쓰리퍼팅

홀인원

내리막 퍼팅

봄 여름 가을 겨울

뒤땅   빚을 내서라도

착한 일   동영상

아는데…

연습장에선

골프 선생님

연습장 프로

벙커 정리

나비는 새다

땅, 따당

18번 홀

세상에 이유 없는 샷은 없다

안 했어도…

사우나

뒤땅

뒤땅을
치면
골프채로
땅을
한 번 더 친다.

뒤땅과
뒷북은
어쩌면
같은 말인지도
모르겠다.

착한 일

카트에 맞고 안으로 들어오면
나무에 맞고 안으로 들어오면
미스샷이 나이스 미스가 되면
사람들이 말한다.
착한 일 많이 했나 봐.
네.
맞아요.
골프공 회사에
착한 일
많이 했어요.
공 참 많이 잃어버렸거든요.

하지
말라는
것들

오비
페널티 에어리어
해저드

하지 말라고 하니
가지 말라고 하니
더 하고 싶어지는 걸까?

골프장은
끊었던 담배도
다시
피게 한다.

옆
홀

볼이
옆 홀로 넘어갔다.

다행인 건
쳐도 된다는 것

불행인 건
옆 홀 티잉 구역에서
사람들이
보고 있다는 것

루틴이 가장 빨라지는 순간이다.

깨달음

어제 깨달은 게 있어.

어때? 달라졌지?
깨닫고
깨닫고
깨닫다가
결국
깨닫는 건

골프는 정말 어렵다는 사실.

피니시

평생
피니시를
못잡고

골프를
피
니
시
하는
사람도 있다.

등산

'분명, 여기 어딘데…'로
이야기는 시작된다.

'나갈 볼은 아닌데…'로
이야기는 이어진다.

오늘만큼은
산에 오르고 싶지 않았다.

높은 곳에서
비탈진 곳에서
넓고
평평한
아래를
바라보고 싶지 않았다.

때로는
눈도 함께 수고하며
볼을 찾아가며 올라야 한다.

걱정과 안도가 교차되는 순간
나는 한 마리 산양이 되어
비탈진 곳에
몸을 붙이고 골프채를 들고 있다.

골프가 가장 고독해지는 순간
중력이라는
당연한 힘에 반항하며 휘두르는 순간
몸과 볼은
서로 다른 생각을
하고 있을지 모른다.

악성
스트레이트

누군가는
구질이
악성 스트레이트

누군가는
골프가
악성 스트레스

벙커의 높이,
걱정의 깊이

벙커
턱이
높다는 건

그만큼
걱정이
깊다는 것

잡다,
까다

버디는 잡는다고 하고
양파는 깐다고 한다.

좋은 건 얻는 것이고
나쁜 건 잃는 것이다.

까마귀 날자 볼 없어진다.
골프는 까마귀를 훈련시켜
까마귀는
골프장에서
가장 영리한 동물이 되었다.

까마귀
날자

쓰리

퍼팅

고스톱에서
쓰리고를
맞았을 때의
느낌

홀
인
원

남들은 세 번에 끝나는 일을
한 번에 끝내버렸다.
어떤 사람은 시작도 안 한 일을
한 번에 끝내버렸다.

내리막 퍼팅

내리막
퍼팅은
겁이 난다.

인생
내리막길 앞에서
겁먹는 것처럼.

봄 여름 가을 겨울

골프 치다
봄, 여름, 가을, 겨울이 간다.

골프장은
계절이
가장 빨리 오기도 하고
가장 늦게 가기도 한다.

빚을 내서라도

5.16 ~ 6.25
9.28 ~ 10.26
달러 빚을 내서라도
골프 해야 할 때라는데
빚이 쌓이면
실력도 쌓이려나….

동 영 상

머릿속 내 스윙은
타이거 우즈
동영상 속 내 스윙은
나보다도
못한
나

아는데…

프로님이 말씀하셨다.
"이렇게 한번 해봐요."

당신이 말했습니다.
"아는데… 아는데… 몸이 안 따라 준다구요!!!"

당신의 머리는
지금 몸에게 속고 있는 거예요.

연습장에선

연습장에선 잘 됐는데
어제는,
지난주엔 안 그랬는데
다른 사람하고 칠 때는
다른 골프장에서는 괜찮았는데

오늘은
안 되는 골프.

골프 선생님

나보다
하루만 먼저 쳐도
한 타만 잘 쳐도
모든 사람이
선생님이 된다.

세상의 모든 골퍼는
어디선가
모두 선생님이다.

연습장 프로

연습장에서는
프로인데
필드에선
하수인
사람은

실전에 약한 사람이
아니라
실전을 많이 안 한 사람

벙커 정리

나이스 벙커샷 후의
벙커 정리

샷 전에 했던
걱정도
기꺼이
정리된다.

나비는 새다

나비는
엄연히
새다.

골프장에서는
나비가
birdie지 않은가!

땅! 따당!
홀이 줄어들수록 돈은 커진다.

땅,
따당

마지막 홀, 앞을 보면 늘 아름답고
뒤를 보면 늘 아쉽다.

18번 홀

세상에
이유 없는
샷은 없다

나쁜 샷은 말이 많다.
좋은 샷도 말이 많다.

세상에
이유 없는
샷은 없다.

물어보지 않았는데
궁금하지도 않았는데

과거를 묻고
오늘의 이유를 설명한다.

볼이 날아가는데
이렇게 많은 사연이 있는가.

후회는 이유를 만들고
아쉬움은 핑계를 낳는다.

좋은 샷도
말이 많다.

볼이 멀리 나가듯
자랑도 멀리 나가고

공이 홀에 붙듯이
구구절절
이유가 붙는다.

샷의 이유는
샷의 수만큼 많다.

안
했어도
…

골프는 '안 했어도'다

마지막 홀
트리플만
안 했어도

그 홀
오비만
안 했어도

투온에
도전만
안 했어도

친구가
구찌만
안 했어도

동반자가
시끄럽게만
안 했어도

올 때
장거리 운전만
안 했어도

어제
음주만
안 했어도

이 모든 말들은 안 해도 될 말들이다.
골프만
안 했어도….

사우나

사우나에서 빈스윙 하는 사람이 있다.
후회와 아쉬움이 사우나까지 따라왔나 보다.
골퍼는 아무것을 안 입고도 아무것을 안 들고도 스윙을 한다.

나의 동반자들

동반자가 없다면 나의 골프도 없다

학님, 맥스 형, S, 차이, 달님, 웅이, 임대표, 동네 후배, 용이,

학주, 상무님, 흥, 선님, 원꽃님, 듀크, 이채, 마님, 남본, K,

기타이 형, 규, 쩨병, Y대표, 나 후배, 진상, 정이사님, 실장님,

아들,

아버지.

학
님

형은
필드 위를 걸을 때나 서 있을 때
그의 이름 마지막 자처럼
학 같았다.

고고해 보이고
고급스러워 보였다.
물론
샷을 할 때는 더 그래 보였다.

그래서인지
형은 소나무와 참 잘 어울렸다.

맥스 형

맥스 형으로 인해
나는 많은 자극을 받는다.

그는 수험생처럼 골프 공부를 많이 한다.
이미 많은 것을 알고 있으면서
또 새로운 것을 알기 위해 공부를 한다.
그와 필드를 걷노라면
골프 이야기를 나누노라면
분명, 골프의 기술을 이야기하지만
이 운동이 얼마나 지적인지를 알게 된다.

죽기 전까지 함께할 동반자다.

S

그는
내 첫 번째
골프 스승이다.

그로부터
참 많은 것을 배웠다.

대부분
'그'처럼 해서는 안 되는 것,
나쁜 것을 알게 해주고
몸소 시범을 보인
좋은 사람이다.

차이

차이님과 나는
제주도에서 2인 라운드를 많이 했다.
따뜻하게 데워진 청주가 늘 함께했다.

차이님은 한마디로 멋진 골퍼다.

나이 불문하고 성별 불문하고
그보다 버킷햇이 잘 어울리는 골퍼를
나는 본 적이 없다.

그와 필드를 함께 걸으면
골프가 인생 속으로 깊어진다.

달
님

달님은
나의 첫 번째 골프 라이벌이었다.

골프를 같이 시작했고
같은 시기에 싱글을 했다.

처음 싱글했을 때
그는 진심으로 축하해줬다.
싱글 축하주를 진탕 먹고
기념 라운드를 가는
그의 차 안에서
토할 뻔한 기억은
지금도 아찔하다.

웅이

우리 웅이는
골프 할 때 참 정직하다.
룰을 잘 지킨다.
멀리건도 안 받는다.

본인에게 엄격하고
타인에게 관대한
아주
바람직한
나의
친구다.

다만 골프를 조금 더 잘 쳤으면 좋겠다.

임대표

그녀는
좋은 골퍼이기에 앞서
좋은 사람이다.

그녀는
골프에 늘 진심이다.

그래서
그녀의 골프가 늘어가는 것을
보는 것이
나는
참 기쁘다.

동네 후배

그녀는
예전 회사 후배다.
같은 동네에 살아서
라운드를 하면
늘 카풀을 한다.
그녀가 가져오는 커피와 초콜릿, 빵을 먹으며
골프장 가는 길에
우린 참 많은 이야기를 한다.

나는 그 시간이 좋다.
물론 골프장에서
돌아오는 시간도 좋다.

용이 용이는
본인은 그렇게 생각하지 않겠지만
한마디로 내가 업어 키운 골퍼다.

그의 초창기 골프는 거의 나와 함께했다.
그는 맥주를 얼려서 캐디백에 가져왔다.
필드에서 살얼음 맥주를 마셔본 적이 있는가?
막걸리도 참 많이 마셨다.

덕분에 라운드 후
대리운전 부르는 게 습관이 되었다.

학주

그의 이름이 학주는 아니다.
누군가 학생주임 같다며
그를 학주라 부르기 시작했다.

나는 그를 보면
우산 대신 골프채를 들고 가는
영국 신사의 모습이 보인다.

영국이 아닌 일본 유학을 한 사람인데
왜 그렇게 보일까?
지금도 생각 중이다.

상무님

그녀와 골프 이야기를 할 때
빼놓을 수 없는 것이
그녀의 홀인원이다.

홀인원을 제법 옆에서 봤지만
가장 진심으로 축하해주고 싶은 순간이었다.

누군가의 멋진 순간에
함께 등장한다는 것은
두고두고 멋진 일이다.

아주 드물지만   홍
이 사람이 정말 잘 쳤으면 하고 바라는 적이 있다.
골프에 진심인 사람, 늦게 시작한 사람
그리고 왼손잡이인데 오른손으로 치는 사람.

친구 홍은
이 셋 중 셋이다.
그와의 두 번째 라운드에서
그가 마지막 홀 240미터 티샷을 날렸을 때
그보다 내가 더 기뻤다.

선님

내가 아는 한
그녀보다 루틴이 짧은 사람은 없다.

연습 스윙은 없고 티를 꽂자마자 친다.
하지만 신중하지 않거나 대충 친다는
느낌을 주지는 않는다.

그건 아마 그녀가 얼마나 골프를
사랑하는지 알기 때문이다.

내가 아는 한 그녀보다
팔로우스로우가 멋진 사람은 없다.

원꽂님

칠 때마다
실력이 늘어서 오는 사람이다
부족한 것들은 어김없이 채워오고
좋았던 것들은 넘치는 모습으로 온다.

그녀가 얼마나 노력하고 있는지
필드에서 보인다.

궁금하다.

어디까지 오를 수 있는지가
그 정점을 함께 보고 싶다.

듀크

듀크와 나는 참 많은 라운드를 했다.
15년 전
이 녀석과 바꿨던 아이언 세트를 지금도 갖고 있다.

이 녀석 앞에서
좋은 샷도 많이 했고
나쁜 샷도 많이 보여줬다.

그것들은 아주 오래전 일이다.
아주 오랫동안 같이 골프를 못했다.

모든 것은 내 잘못이었겠지만
골프 치자는 말을 하기에
우린 너무 서먹서먹해졌다.

이채

채 씨 성이 흔한 성은 아닌데
나에겐 두 명의 절친 동반자가 있다.
형수님의 성을 앞에 두고
북촌에서 이채라는 한옥카페를 하는
형님인데
내가 아는 몇 안 되는
왼손잡이 골퍼다.

페어웨이에서 서로 마주 보고 샷을 하기도 한다.
그 누구보다
남들의 굿샷을 칭찬해주는 형님.

왼손잡이는
왠지 특별한 느낌이 있다.

마님

나의 카피라이터 사수였고
지금은 책방 마님이 되신
그와 라운드를 나간 날,
그날은 폭우가 쏟아졌다.
그린에 물이 찰 정도의 비에도
우리는 끝까지 라운드를 마쳤다.
"부사장님 안 힘드셨어요?"
"누군가 그만 치자고 할 줄 알았지."

본받을 점이 참 많은 중에도
이 '은근히 강함'은 단연 첫 번째 배울 점이다.

한동안 골프를 안 하다가
다시 시작했다는 이야기를 들었다.
참 반가운 소식이다.

남본

학교 다닐 땐 서로 인사만 했지
친하게는 안 지냈는데
같은 업계에 종사하고
골프를 치면서 친해진
학교 후배다.

골프는 사람을 다시 만나게 하고
서로 깊어지게 만든다.
5번 아이언의 탄도가
나의 피칭웨지 탄도보다 높아서
많이 부러웠다.
가평베네스트 버찌 5번 홀
스카이 하늘 14번 홀의
높은 아이언샷에 이은 버디.
그 기억이 지금도 선하다.

K

그와는 조인 라운드에서 만났다.
조인 라운드에서 만난 골퍼를 기억하기가 쉽지는 않지만
그만큼 강렬했기 때문이었을 것이다.

헬기 조종사였는데
훤칠한 키와 잘생긴 외모가
조종사라는 직업과 너무 잘 어울렸다.

무엇보다 비거리가 무시무시했다.
막창이 난다고 아이언으로 티샷한 것이
나의 드라이버만큼이었으니까.
골프를 쳐보면
어떤 사람에 대한
가장 강한 인상은 역시 비거리다.

기타이 형

기타이 형과 드라이버가 바뀐 적이 있었다.
나는 이 형이 이렇게 강한 샤프트를 쓰는지 몰랐다.
한 번은 9번 아이언으로 겨우 올렸는데
'갭웨지도 크네'라고 혼자 말하는
형의 목소리를 들은 적이 있다.

형에게는 미안한 말이지만
기타이 형을 생각하면
슈퍼 울트라 롱게임과 퍼덕퍼덕 숏게임이 생각난다.

15년 넘게 안 변한다.

강력한 롱게임 미약한 숏게임,
이것이 기타이 형 골프의 매력이다.

규

규는 나의 입사 동기다.
둘 다 퇴사하고 골프로 급 친해진 사이다.
골프를 거의 같이 시작했는데
싱글을 나보다 먼저 했다.
그때 조급해했던 내가 생각난다.
규와는 중국과 필리핀에도
여러 번 같이 갔고
참 많은 추억을 쌓았다.
그래서 둘이 함께 있는 자리에서
골프 이야기로 말문이 터지면
서로 입 다물 줄 모른다.

같은 기억을
같은 이야기로 꺼낼 수 있는 사이,
진짜 친구 사이다.

째병

째병은 그의 별명이다.
지금은 청키면가라는
광동식 요리 및 완탕면 집 사장님이다.

초창기 가게의 메뉴 설명과 유래를 같이 썼었다.
이 친구는 간결한 샷이 일품이지만
맛집 정보가 생생정보통을 능가한다.
라운드 뒷풀이나 식사 약속을 할 때,
단 한 번도 이 친구의 맛집 추천을 거역한 적이 없다.
특히 용평과 피닉스파크로 골프를 가면
우리는 그 친구의 뒤만 졸졸 따라다닌다.

맛집을 많이 아는
동반자가 있다는 건
참 든든한 일이다.

Y대표

그녀는 필드에서
참 뜨겁다.

골프가 잘 안 되면
주위에서 눈치채게 씩씩거린다.
우리는 이런 모습을 보고
승부욕의 활화산이라고 말하곤 하는데
절대 나쁜 의미가 아니다.
진실로 그 모습이 보기 좋다.
직접 보지 않았어도
그녀가 어떻게 모델 에이전시를
오랜 기간 동안 잘 운영해왔는지 보인다.

골프장에서의 모습을 보면
그 사람이 하는 일이 보인다.

나 후배

갑자기 생각난 건데
이 녀석은 학교 다닐 때
'지랄'이라는 별명이 있었다.
지금의 훌륭한 골프 매너를 봐서는
상상할 수 없는데
왜 그런 소리를 들었는지
한번 물어봐야겠다.
나의 지인들을 통틀어
나는 이 친구의 몸이 가장 부럽다.
적당히 큰 키에 길고 튼실한 하체,
동양인으로는 드물게 힙업된 엉덩이.
그래서인지
뒷모습이 참 멋있다.
스윙도
점점 멋있어지고 있다.

진상

친구의 이름은
진상이다.
진상 골퍼라는 말이 생기지 않았을 때만 해도
나는 진상이라는 이름이
참 좋다고 생각했다.
물론 이름만 진상이지
진상 골퍼와는 거리가 멀다.

진지 골퍼,
진심 골퍼다.

조금 늦게 골프를
진심 사랑하게 된 친구를 볼 때마다
'조금 일찍 시작했으면
좋았을 걸' 하는 생각이 든다.

정이사님

정이사님은
내가 골프에 가장 전념했을 때 만난 분이다.
오래전이지만 지금도 나에겐 이사님이다.
발걸음이 워낙 빨라
바로 옆에 있었는데
어느새 앞질러 가기 일쑤였다.
다른 동작들도 빨랐다.
그런데 그린 위에서는
시간을 아주 충분히 쓰신다.
발걸음을 재고 뒤에 가서 보고
그래서인지 모두가 부러워할 만큼
퍼팅을 잘하신다.

항상 비거리가 부족하다고 고민하셨는데
요즘은 어떤지 궁금하다.

실장님

광고 편집에서 일가를 이뤘고
아직도 대표라는 직함을 마다하고
현역으로 일하는 실장님.
본인의 말로는
운동 신경도 있고
탁구도 잘 친다는데
골프는 생각만큼 잘 안 되는 듯하다.
그러던 어느 날
술에 취한 형님의 전화를 받았다.
"오늘 마지막 몇 홀의 드라이버가
똑바로 멀리 갔어!"
시험 잘 본 초등학생 아이의 목소리 같았다.
그런 천진난만한 목소리를
또 듣고 싶다.

아들

아빠는
아들을 질투한다.

나보다 훤칠한 키,
나보다 잘생긴 얼굴,
무엇보다
나보다 어린 젊음….
그렇지만
내 나이스샷보다
아들의
나이스샷이 더 기쁘다.

아빠니까,
아버지니까….

아
버
지

아버지는 숏게임을 잘하셨다.
연습장 볼 바구니에 볼 넣는 연습을 늘 하셨다.
특히 30미터 어프로치샷은 거의 홀에 들어갈 듯이 잘 붙이셨다.
가끔 내가 30미터 어프로치샷을 핀에 붙였을 때면
돌아가신 아버지 생각이 난다.